Miguel Angel Herrera Parra

Cristo, el Vivo que nunca muere

Miguel Angel Herrera Parra

Cristo, el Vivo que nunca muere

En medio de los cambios sociales ocurridos en el mundo, Cristo continúa su misión

CREDO EDICIONES

Imprint

Cover image: www.ingimage.com

Publisher:
CREDO EDICIONES
is a trademark of
International Book Market Service Ltd., member of OmniScriptum Publishing Group
17 Meldrum Street, Beau Bassin 71504, Mauritius

Printed at: see last page
ISBN: 978-620-2-47874-8

Décimo cuarto libro de Poemas de Miguel Ángel Herrera Parra

Cristo, el Vivo que nunca muere

Santiago de Chile, noviembre 2014

Con Cristo flagelado

**Azotado, por mí mismo,
disciplinado y atado,
escupido y pellizcado,
fustigado con sadismo.**

**Golpeado y sacudido,
zurrado y recriminado,
vituperado y herido,
por mi porfiado pecado**

**Acusado y criticado,
censurado, recriminado,
entrampado y complicado,
por la aguja del pecado.**

**Las llagas que las ofrezco,
por mi conversión sincera,
ya ni mirarle merezco,
quiero vida verdadera.**

**Petición de sanación,
por mi pronta redención,
añoro su curación,
su manto de protección.**

**Atado con las cadenas,
al pilar de los tormentos,
crucificado en mis penas,
por perder llanos momentos.**

**Esperanza, entre dolores,
entre quemados y ardores,
que me sanen los amores,
cual milagros salvadores.**

**Se me ha pegado la piel,
ya no puedo caminar,
mi alma quiere ser fiel,
y andar, y poder amar.**

Mario Ronny

El que es poderoso y fuerte,
varonil y generoso,
su opción, que vence a la suerte,
con su fe, sale victorioso.

Disfruta con su familia,
una aventura cristiana,
de la confianza y vigilia,
de la noche, a la mañana.

Solange

Solemnemente consagrada,
para animar corazones,
con su luz, de enamorada,
y a reinar, entre varones,

Para sanar y salvar,
liberar y perdonar,
todo el tiempo para amar,
para acoger y cobijar.

Gabriel Ignacio

Que tiene fuerza de Dios,
que iluminando, es ardiente,
que alegra, de sol a sol,
con su corazón valiente.
Fortaleza y energía,
fuego y carisma latente,
con su esfuerzo de vigía,
forja un sendero potente.

Pablo Andrés

El menor, el fiel y humilde,
de varonil valentía,
su esperanza, es más que un tilde,
es su esencia y alegría.
Creatividad activa,
humor y felicidad,
con su mirada, no esquiva,
y aporta a su realidad.

Miguel Ángel

¿Quién es como Dios?, pregunta,
como un mensajero divino,
con su humanidad trasunta,
el amor puro y cristalino.

"No me quiero quedar en el cielo"

Y el inmenso coro gritó:

"Si hay un comunista en el cielo, yo no me quiero quedar,
si hay un empresario en el cielo, de él me voy a escapar".

"Si hay una prostituta en el cielo, yo no me quiero quedar,
si hay un homosexual en el cielo, de él me voy a escapar".

"Si hay un senador en el cielo, yo no me quiero quedar,
si hay un sindicalista en el cielo, de él me voy a escapar".

"Si hay un ateo en el cielo, yo no me quiero quedar,
si hay un guerrillero en el cielo, de él me voy a escapar".

"Si hay un solo "cuico" en el cielo, yo no me quiero quedar,
si hay un solo "flaite" en el cielo, de él me voy a escapar".

"Si hay un "colocolino" en el cielo, yo no me quiero quedar,
si hay un solo "chuncho" en el cielo, de él me voy a escapar".

"Si hay un asesino en el cielo, yo no me quiero quedar,
si hay un violador en el cielo, de él me voy a escapar".

Comunistas y empresarios, prostitutas y homosexuales,
senadores y sindicalistas, ateos y guerrilleros,
los cuicos y los flaites, colocolinos y chunchos,
asesinos y violadores, son todos seres humanos,
llamados para el amor, que merecen el perdón.

El apresto al cielo, ya se encuentra aquí,
veamos entonces, quien será feliz,
y el kinder de infierno, también está aquí,
para los que luchan por ser infeliz.

En cada interacción voy a hallar,
mi propio cielo o infierno,
ya no me puedo engañar,
yo soy un cielo o un infierno.

Pedro José y Luisa Teresa

Pedro José	Luisa Teresa
Es duro, como la roca, para enfrentar esos males, su piedra, rompe la boca, de quien profiere maldades.	Es la que tiene la gracia, la protectora sincera, exhala su fe y fragancia, como eterna primavera.
Es el que Dios engrandece, con su familia, en su viña, que con su gracia, estremece, y con su abrazo, encariña.	Mujer de familia grande, que no se queda encerrada, porque su alma, se expande, como flor de madrugada.
Está atento, en el sendero, de lo noble y verdadero, y regala su alegría, en noches, y al mediodía.	Sale a compartir misiones, y no se queda callada, es profeta de emociones, para su familia amada.
Su firmeza, le permite, ser blando con el sencillo, con su esperanza, persiste, como al clavo, su martillo.	No mira desde el balcón, como se pasa la vida, pone fibra y bendición, en bajada y en subida.
Apasionado, resiste, los embates del tormento, y en su oración, él insiste, no quedarse en el lamento.	Diversa, en diversidades, plural, en pluralidades, bondad, entre las bondades, feliz, en felicidades.
Peregrino, extravagante, caminante, y mensajero, va sonriente el navegante, que avanza al puerto sincero.	Cronista y acompañante, constructora y luchadora, que ama a su semejante, ya que es mujer servidora.

"El llamado de los anarquistas"

Estamos chatos del mundo, queremos, todo, cambiar,
con desencanto profundo, vamos a arar y a quemar.

Eludiremos impuestos, evitaremos pagar,
no queremos vuestros puestos, sortearemos trabajar.
Eludiremos las trabas, de nuestra felicidad,
y botaremos las trancas, que impiden mi identidad.

Botaremos los estados, y a toda la autoridad,
sin familias, ni rebaños, ya sin patria y sin bondad.

Rehuiremos las filas, de ciudadanos corderos,
descargaremos las pilas, de estos grandes mataderos.

Nuevas ropas y lenguajes, nuevos sueños y tatuajes,
sin controles, sin carruajes, sin banderas, sin sus trajes.

Ninguna sociedad, ninguna religión,
por la plena libertad, y la justa rebelión.

Ya no más amores, ni fe, ni los dioses,
ya no más favores, y sin oír otras voces.

Esquivamos e invadimos, rematamos, destruimos,
pues, todo perdimos, ya nunca será vida igual.

Sin gobiernos, sin impuestos, sin payasos, sin imperios,
sin comercio, sin repuestos, sin pastores, sin sahumerios.

No escamoteamos el bulto, queremos todo empezar,
sin las leyes, sin el culto, sin el miedo a destrozar.

Nuestra violencia informal, vence a vuestra ira formal,
nuestras manos, nuestras piedras, les ganarán al final.
Como lobos contra lobos, triunfará nuestra manada,
más joven y más jugada, con más sangre derramada.

Y lo demás, es todo mentira, su justicia son montajes,
mienten diarios y canales, mienten radios y chantajes.

Filántropo espurio

**Filántropo del teléfono,
contesta con una sílaba,
con su sonsonete hispánico,
que ofrece una frase rápida.
Su día es como una página,
esdrújula, como esa máquina,
que nunca ha visto una lágrima,
es muy lógico y sarcástico.**

**De gestualidad ridícula,
cual cómico de película,
su máscara es de un hipócrita,
su faz dramática es histérica.
Su estampa es de un patético,
es un pájaro, sin ejército,
se posa en su tabernáculo,
como un zángano explícito.**

**Su mundo es informático,
enciclopédico y cínico,
se mueve como parásito,
un triste oráculo, muy drástico.
Fue un académico escéptico,
murciélago de pirámide,
que se agotó en el trópico,
y que bajó de su cúspide.**

**Hoy es un pálido cómplice,
un cetáceo muy ridículo,
sin próstata y sin cónyuge,
ideólogo vándalo y tétrico.
Solo un día fue romántico,
después se metió a ese triángulo,
que resultó antieconómico,
ya que quedó muy escuálido.**

**Con su existencia monótona,
y con su alegría póstuma,
y su razón matemática,
quiso hacerse la América.
Hoy es una típica víbora,
un satélite con tentáculos,
con su clásica máscara,
de cólicos y espectáculos.**

**Entre árboles de su hipódromo,
se halla el práctico prostíbulo,
donde lucra el señor xenófobo,
pues las coimas son su estímulo.**

**Esta es una fábula fáctica,
humorística y sarcástica,
de empresario metalúrgico,
de esa cúpula fantástica.**

**No tuvo química ni mística,
pasó como vértigo simpático,
un vil foráneo, sin táctica,
sir europeo flemático.
Con su cerebro ortopédico,
fue un paréntesis equívoco,
que se hizo pasar por médico,
un dermatólogo utópico.**

**Con su imagen de atlético,
con diez cirugías plásticas,
no quiere ser esquelético,
es de visiones fantásticas.
Su cama es un sarcófago,
como una momia emblemática,
con dieta de antropófago,
que ya se metió en su ánfora.**

**No pidan pistas geográficas,
ni una señal geológica,
ni parábolas, tan semánticas,
de esta persona ecológica.
Pasó como un relámpago,
un triste mimo decrépito,
de un bullente archipiélago,
que se hundió con estrépito.**

**Iconoclasta en cubículo,
un podólogo sin esófago,
un perfecto y fiel furúnculo,
con su repleto estómago.
Este sábado no es fatídico,
recordamos al afónico,
del mítico vate verídico,
que ya se quedó sin público.**

**Su búsqueda tan satánica,
obtuvo un rechazo tácito,
como una erupción volcánica,
mensaje de muerte implícito.
Lo penúltimo y lo último,
es una advertencia atómica,
que eviten al técnico pésimo,
con pinta de tira cómica.**

Sergio

El protector, que camina,
hacia la fama del padre,
su laboriosidad ilumina,
tiene un corazón de madre.
Protegiendo a su familia,
él vive entregando todo,
su trabajo y su vigilia,
con su oración limpia el lodo.

Angélica Soledad

Es la enviada de Dios,
a construir su misión,
para sembrar el amor,
ser fiel a su vocación.
Escucha, habla y comprende,
Sirve, juzga y analiza,
con su palabra ella enciende,
y, en silencio, evangeliza.

Paulina Soledad

Es la pequeña que tiene,
la humildad de la grandeza,
con su sencillez, mantiene,
su profecía, en fortaleza.
Inventora de caminos,
amiga de un mundo nuevo,
se une a los peregrinos,
solidario es su relevo.

Carolina Andrea

Es fuerte de corazón,
es mujer valiente y bella,
que busca paz y razón,
y titila como estrella.
Con su alma de humanista,
va aportando sus valores,
con su carisma de artista,
con su canto y con sus flores.

Patricia Alejandra

**Es la noble y diligente,
de los proyectos geniales,
la que brilla entre la gente,
con su amor, vence los males.**

**Su juventud es capital, para levantar los mundos,
con su fuerza ancestral, y sus afectos profundos.**

**Es protectora del nido,
y heredera de virtudes,
ella bendice el camino,
su fe, brilla entre multitudes.**

Felipe

**Amigo de los caballos,
de la vida simple y pura,
de la raíz, a los tallos,
buscó amar, en la altura.**

**Feliz en sabiduría, que se conecta con todos,
y entiende con alegría, de los humanos, sus modos.**

**Con su silencio y carisma,
él da oxígeno al cansado,
su ciencia humana es la misma,
que, día a día, lo ha elevado.**

Emilio Rafael

**Es medicina de Dios,
que trabaja con esfuerzo,
que ama la luz del Sol,
y hace fecundo al desierto.**

**Es el amor concentrado, bendecido en la esperanza,
es un profeta centrado, en la profunda confianza.**

**Trae las buenas noticias,
a toda la humanidad,
y a su familia, primicias,
pues triunfa con la bondad.**

Rocío Alejandra

**Mujer que tiene la gracia,
y es protectora del cofre,
de lealtad, es su fragancia,
que convierte en oro, al cobre.**

**Perseverancia y entereza,
su dedicación y su ciencia,
su confianza y fortaleza,
su sabiduría y prudencia.**

**Ella ampara la verdad, la justicia y la razón,
y firma, con su bondad, su misión y su tesón.**

**Protege con su firmeza,
las reglas de un mundo bueno,
y su honradez y certeza,
ya construye un cielo nuevo.**

**Es rocío de humanismo,
en el presente indolente,
su servicio evita el sismo,
y, es amor, entre la gente.**

**Su sincera observación,
es una enorme bendición,
y su labor, en la acción,
dan sustento a la nación.**

**Sus carismas y valores,
son sagradas oraciones,
que pintan bellos colores,
en nuestras constelaciones.**

“¿Por qué te he olvidado?”

Dios mío, Dios mío,
¿por qué te he abandonado?,
Dios mío, Dios mío,
dime, ¿por qué te he olvidado?

En la noche y la mañana, ya no me acuerdo de ti,
de día y de madrugada, ya muy poco pienso en ti.

Si trabajo, lo hago solo, y mis logros, son mis logros,
ni me encomiendo a tu nombre, y ando solo, entre los solos.

En mi vivencia hay amnesia, a tu persona y poder,
si ya voy poco a la iglesia, ¿por qué te debo temer?

Mi cultura secular, postmoderna y antihumana,
ve a mi fe como un collar, de una esclavitud lejana.

En mi salud y en mi vida, me olvidé de tu cuidado,
en mi encuentro y en mi huida, ¿ya me has dejado de lado?

En mi paz y en mi tormento, no veo signos de tus huellas,
en mis gozos y lamentos, solo veo a las estrellas.

En esta carrera loca, yo me he tapado la boca,
y mi ingratitud emboca, con mi tristeza de foca.

Si no me has maltratado, si tú nunca te has marchado,
ya que siempre me has amado, dime, ¿por qué te he olvidado?

Si al universo lo cuidas, si tú -todo- me lo das,
si mi libertad respetas, si tú amas mi identidad.

Dios mío, Dios mío,
¿por qué te he abandonado?,
Dios mío, Dios mío,
dime, ¿por qué te he olvidado?

Mi esófago

**Mi esófago es muy antipático,
todo discrimina muy rápido,
por eso no soy geófago,
ni tampoco soy zoófago,
soy un poco fitófago,
y nada de rizófago,
nunca seré litófago,
y para nada lotófago.**

**Tampoco seré xilófago,
ni mucho menos coprófago,
a veces, un poco, ictiófago,
y jamás seré un necrófago.**

**Es mortal ser escatófago,
y dañino ser hematófago,
soy contrario al antropófago,
y opuesto al bacteriófago.**

**Mi nave es como un sarcófago,
sin aerofagia, sin antropofagia,
sin autofagia, y sin la disfagia,
sin coprofagia y sin geofagia,
sin escatofagia, y sin necrofagia,
sin onicofagia y sin la polifagia.**

**Cuidado con la acufagia,
y ojo con la amilofagia,
alejan la coniofagia,
acaben con la geomelofagia,
no incurran en la bibliofagia,
ni tampoco en la gooberfagia.**

**Ni en broma la mucofagia,
librémonos de la hemofagia,
nos enferma la pagofagia,
da risa la tricofagia.**

Al inicio del retiro

**Reverente, me acerqué,
a tocar el pie clavado,
del Cristo, con su gran sed,
de hacerme sentir amado.**

**Al tocarlo, pude ver,
a Cristo lleno de tierra,
con polvo sin remover,
en nuestra habitual ceguera.**

**Al Cristo sufriente, debemos limpiar,
su cuerpo doliente, debiera brillar.**

**Sin embargo, sin embargo,
la mirada de Cristo es clara,
al verme lleno de barro,
me abraza, limpia y me ampara.**

**Yo sí estoy sucio,
y no Cristo,
aunque lo vea empolvado,
ya no diré y no insisto.
yo sí me tengo olvidado.**

**Su amor es mi bendición,
me sana su redención,
en mí ha hecho su misión,
y siento su protección.**

**Al inicio del retiro,
de silencio y reflexión,
en el gran Cristo, me inspiro,
que me hable, en mi oración.**

**Cristo, pásame el plumero,
limpia bien mi corazón,
repáralo, con esmero,
y anima mi vocación.**

<u>"El amor que cura" (San Giuseppe Mosccîatti)</u>

**Siendo la víctima injusta,
misericordia, inocente,
no se luce, no le gusta,
es humilde, entre la gente.
Sus manos lo curan todo,
su mirada es sanación,
vive limpiando del lodo,
del odio y la maldición.**

**Supo elegir un camino,
y no descalificó,
a su amigo peregrino,
al que siempre perdonó.**

**Supo integrarlos a todos,
con paciencia y libertad,
y convirtió, con sus modos,
diversidad, en unidad.**

**Porque esta vida es tan corta,
hay que ayudar y servir,
y, donándose, no le importa,
quiso al pobre revivir.**

**Doctor Moscati, es un santo,
de su Nápoli querida,
su medicina es un canto,
a nuestra humanidad herida.**

**Se fue quedando sin nada,
se hizo pobre en su misión,
su vida es bella alborada,
su amor cura, es bendición.**

**¿Y yo , estaré a la altura,
de mi vocación y unción,
o me pondré una atadura,
para estropear mi misión?**

“Hora santa”

**Para mayor gloria tuya,
me has enseñado a amar,
asumiendo el terremoto,
el desierto y vendaval.**

**Del amor y el matrimonio,
de esperanza y de misión,
de compartir, con encomio,
un fiel proyecto y visión,**

**Que no comience el demonio,
a intentar su seducción,
que fracase el manicomio,
de hipócrita tentación.**

**Pecador, contaminado,
por los males tan masivos,
de este moderno entramado,
que nos hace sus cautivos.**

**Aléjate, Satanás,
ya que yo quiero servir,
pues siempre tú perderás,
ante el Dios de mi vivir.**

**Espíritu Santo sigue,
convierte mi corazón,
aparta al que me persigue,
que persista en mi intuición.**

**Más afectos que palabras,
y más besos que discursos,
más abrazos que rituales,
más sonrisas, que esos cultos.**

**Más amor, que compasión,
más solidaridad, que apariencia,
más sencillez, que intención,
y más valor, que tu ciencia.**

“La sangre salvadora”

Sangre salvadora,
de una madre heroína,
sangre liberadora,
del donante de esa esquina.

Sangre sonriente,
que es capaz de dar la vida,
sangre valiente,
cuyo honor, no está en su huída.

Sangre interrogante,
del misterio de existir,
sangre entusiasmante,
del cotidiano vivir.

Sangre milagrosa,
que es señal de conversión,
sangre victoriosa,
que supera a la razón.

Sangre luminosa,
que me ensancha el corazón,
sangre dolorosa,
que me limpia, con su unción.

Sangre gloriosa,
que nos mueve a compasión,
sangre gozosa,
que inspira a nueva misión.

Sangre de Cristo,
sangre de María,
sangre, por la que existo,
que me dio amor y alegría.

Sangre del pueblo,
sangre de todos,
sangre conciente,
sangre de Dios.

"El gran taco de Santiago"

En medio de un taco enorme,
y entre la urbana multitud,
de su auto, bajó deforme,
un hombre, en mala actitud.

Bate de béisbol en mano,
comenzó a lanzar mil golpes,
al lejano y al cercano,
golpes brutales y torpes.

A micros y camionetas,
a ciclistas y peatones,
que le impidieron sus metas,
y llegar a sus labores.

"Avancen pronto, malditos",
"no obstaculicen mi paso",
"¡hasta cuándo!", lo repito,
"me miran y no me hacen caso".

"A todo el que se interponga,
delante de mi camino,
a todo aquel que se oponga,
que yo llegue a mi destino".

"Me tienen muy irritado,
pues se burlaron de mí,
ya que no me han escuchado,
me dejan clavado aquí".

Ese hombre era tranquilo,
hasta que el Metro falló,
vecino de buen estilo,
hasta que el loco estalló.

¿Buen ciudadano o psicópata?,
¿fiel padre o un asesino?,
¿trabajólico estresado?,
¿cómo vives el gran taco de Santiago?

“Oda a la carretera vacía”

Desde Santiago a Temuco,
por carretera vacía,
se avanza bien, que es un lujo,
con una honesta alegría.

Es día de la semana, a las ocho de la mañana,
la travesía es temprana, hacia la meta lejana.

El camino es despejado, y la jornada es nublada,
y el aire que ha mejorado, en la ruta iluminada.

Se aprecian bien los sembrados,
las abundantes cosechas,
las vacas y los arados,
los caballos, las ovejas.

Las casas de campesinos,
y las bodegas de empresas,
todos son buenos vecinos,
entre las papas y fresas.

Es un día primoroso, por desierta carretera,
gana el verde victorioso, de los bosques de esta tierra.

Mil senderos muy pequeños,
por el plano y por los cerros,
huellas de pasos trigueños,
que nos invitan, sinceros.

A ciento veinte por hora,
en siete horas llegamos,
no sufrimos la demora,
por la rapidez, pagamos.

Veinte mil pesos de un viaje,
pagamos en los peajes,
llevamos, cual equipaje,
monedas, en nuestros trajes.

“Día de bendición”

En la luminosa esquina,
de Ohiggins con Riquelme,
está la casa tranquila,
donde el olvido no duerme.

Por ocho años completos,
allí moró la Laurita,
la niña de ojos inquietos,
con su madre y su hermanita.

Laura Vicuña vecina, del poético Lautaro,
con su gran fe
amadrina,
a su pueblo, como un faro.

Hoy, se ha instalado una placa,
en la pared delantera,
en casa de Raquel Obreque,
que es vecina misionera.

La estructura de esta casa,
madera de pellín noble,
permanece, cual coraza,
como una bendición doble.

Generosa es doña Quela,
que hoy muestra feliz, su casa,
donde el alna se consuela,
pues la paz de Laura, abraza.

Prepárate o buen Lautaro,
con santa religiosidad,
católica, y tu rosario,
para aumentar tu piedad.

En el día internacional,
de los derechos del niño,
una niña excepcional,
nos regala fe y cariño.

“Laguna San Pedro, de Lonquimay”

**Dime laguna San Pedro,
de exuberante belleza,
que tú hiciste, en desmedro,
de la gente y su tristeza.**

**Dime, ¿dónde han quedado,
los bañistas inexpertos?,
aquellos que se han ahogado,
¿por qué resultaron muertos?.**

**¿Tus orillas engañosas,
son las culpables, o el lodo,
de atrapar a las ansiosas,
personas que dieron todo?**

**¿o las corrientes ocultas,
o unas plantas jabonosas,
o el frío de catapultas,
trampas simples victoriosas?**

**¿O existen los asesinos,
vagabundos o emigrantes,
que matan a los vecinos,
y a bañistas visitantes?**

**¿O hay un ser misterioso,
como invunche, como el trauco,
que hipnotiza, silencioso,
para que se hunda su Arauco?**

**Se incrementa la leyenda,
de esta alargada laguna,
para que la gente aprenda,
que hay prevención, no fortuna.**

**Es turístico atractivo,
de Lonquimay, bien cercano,
como el volcán pensativo,
que la tiene de su mano.**

"Homenaje a los jesuitas"

**Me miran, desde lo eterno,
estos jóvenes ancianos,
que vencieron al infierno,
dando vida a sus hermanos.**

**Hay chilenos y extranjeros,
obispos y sacerdotes,
misioneros verdaderos,
que ofrecieron fe, y sus dotes.**

**Hay seminaristas valientes,
en esta Gran Compañía,
que optaron, siempre concientes,
por Jesús y su alegría.**

**Ellos nos miran y apoyan,
para andar por el Camino,
del Evangelio y animan,
a construir el destino.**

**Tánta paciencia entregada,
a su pueblo, con amor,
ciencia y respeto, donada,
fortaleza, con ardor.**

**Ignacianos peregrinos,
profetas comunitarios,
que anduvieron mil caminos,
como templos trinitarios.**

**Enseñaron a orar, a dar y a convivir,
a participar, serenos, a liderar y a surgir,
a crear comunidades, a sembrar y a compartir,
para todos es el Reino, de Dios, que nos da el vivir.**

**Sus restos mortales quedan,
en este santo lugar,
y sus almas siempre vuelan,
con Dios, que es perfecto hogar.**

María Magdalena y José Ignacio

En un día memorable,
consentimiento emotivo,
de un matrimonio amable,
comunitario y festivo.

Es la elegida de Dios,
magnífica ciudadana,
es muy hermosa su voz,
que es medicina cristiana.

Canta en su sacramento,
con su fuerza y su ternura,
es torre hacia el firmamento,
y su generosidad perdura.

A él, Dios lo engrandece,
es ardiente, que ilumina,
un cirio que resplandece,
y con su alegría, anima.

Juntos se unen, sonrientes,
en su parroquia contenta,
son esposos muy concientes,
cuya fe, su vida alienta.

En tiempos de estas misiones,
son esposos misioneros,
peregrinos, con pasiones,
solidarios, pregoneros.

Bendiciones trascendentes,
y abrazos acompañantes,
con luces fosforescentes,
su amor gritan, anunciantes.

Se amparan en el amor,
liberador de Jesús,
que irradian su fiel calor,
y brillan como una luz.

Atropellado

En la mañana, temprano,
quedó tendido en la calle,
motonetista lejano,
repartió comida, en talle.

Lo han chocado, muy violento,
y allí ha quedado, inerte,
con su prisa y su lamento,
lo atrapó la hermana muerte.

Con su casco y con su buzo,
durmiendo en el pavimento,
su trabajo está inconcluso,
ya no tiene movimiento.

En plena Avenida Matta, con calle Víctor Manuel,
su vida la desbarata, ese camión negro y cruel.

La policía que rodea, a este cadáver novicio,
y el tránsito lento, es un vicio, y la gente merodea.

Él ya dio lo más querido, en esta entrega perdida,
resultó muy malherido, botó en la calle su vida.

No llegó con el pedido,
llegó a otra parte, oh sorpresa,
el más frágil ha perdido,
y el ser humano de hoy, no reza.

Todo el mundo anda corriendo,
antes de cruel navidad,
acelerada, y no entiendo,
la prisa de mi ciudad.

Atropellado y victimizado,
como un silente muñeco,
quedó el anónimo, callado,
y en su casa, un dolor hueco.

Hermanas Raquel y Luzmila Obreque

Raquel, la oveja de Dios	Luzmila, claridad amada por su pueblo
Raquel es una ovejita, de Dios, bienaventurada, con su morada bendita, de esperanza, iluminada. ***En la casa que ella habita, Laura Vicuña vivió, es santuario y es ermita, de una joven que enseñó.*** ***Ocho años de su vida, arrancando de Santiago, que guerra civil sufría, halló la paz en Lautaro.*** **Raquel tuvo fortaleza, su familia, construyó, y con su fe y entereza, a sus hijos levantó.** **Una entrega y valentía brotaron del corazón, supo vencer la agonía, con paciencia y decisión.** **La estructura de su casa, se mantiene desde Laura, del buen pellín que la abraza, y la reanima, con su aura.** **Hace sentir hoy su casa, como hogar acogedor, donde también es la casa, de Laurita y de su amor.**	**Luzmila es la claridad, que entrega luz a la gente, su fe y solidaridad, de lautarina conciente.** **Es amada por su pueblo, ya que es amable y sencilla, ya que llora con el duelo, y su risa, es fiel semilla.** **Participa y acompaña, patrocina y colabora, su vida es una campaña, de servicio, a cada hora.** **En muchas comunidades, y grupos muy diferentes, ella comparte bondades, sus carismas diligentes.** **Su fuerte hospitalidad, la demuestra por la vida, y ama a la humanidad, con su esperanza activa.** **Está atenta, en la jornada, cotidiana, es mensajera, de la luz de la alborada, de la causa verdadera.** **Ofrece su corazón, regala sus pensamientos, y comparte su oración, y vence a todos lamentos.**

Giovanni y Rosetta

Giovanni	Rosetta
El hombre pleno de gracia, ha cumplido su misión, y ha dejado su fragancia, con su amor y su visión.	Es la bella enamorada, que ha partido al cielo azul, a su anhelada morada, junto a su amado, de tul.
Es el pedestal sincero, de su familia atenta, con su canto verdadero, y su salmo que despierta.	Es romántica, que ama, que da y recibe el amor, en su familia, la flama, que da un hermoso color.
Sus carismas y regalos, quedaron muy bien plantados, en el corazón de aquellos, fueron sus fieles amados.	Ella ha seguido al amor, toda su vida en la tierra, y se ha elevado, en amor, pues ha vencido en su guerra.
Su gracia es la fortaleza, y como imán es su amor, él nunca vio la tristeza, en su bendita labor.	*Espérame, oh Giovanni,* *voy junto a ti, pues mi amor,* *es mi identidad más grande,* *es mi apego y mi calor.*
Seguirá, día tras día, animando y compartiendo, su confianza y su alegría, con el sol, va sonriendo.	Es una rosa de ciencia, de empático entendimiento, de aquella santa paciencia, que transforma ese lamento.
Es discípulo moderno, peregrino solidario, el del abrazo fraterno, de humanista abecedario.	Es rosa, muy generosa, de muy noble vocación, de mujer, muy amorosa, la ternura es su misión.
Ha salido, por el cielo, nuestra tierra a recorrer, con su calor rompe el hielo, y su luz, nos hace ver.	Deja su humano evangelio, deja sus vivos tesoros, hoy ríe feliz, misterio, en sus preciosos coros.

Rafaella Antonia

Medicina del Dios vivo,
y es bella, como una flor,
heredera del buen vino,
trae mensajes de amor.

Compartirá los regalos,
de la fe, perseverante,
y sus dones, como faros,
servirá a sus semejantes.

Belleza y sabiduría,
fortaleza y alegría,
su confianza y armonía,
su humana filosofía.

Ella será una bandera,
solidaria y generosa,
su esperanza marca una era,
por su alma amorosa.

Será una profetiza,
de la justicia divina,
y el fuego santo, lo atiza,
con su antífona cristalina.

Orará por todo el mundo,
convertirá corazones,
dará su canto profundo,
y dará buenas razones.

Unirá diversos mundos,
será valiente y sencilla,
sus pasos serán fecundos,
bendito el trigo, en su trilla.

Laura Antonia

**Es la niña victoriosa, que es bella como una flor,
es su vida luminosa, inserta en el puro amor.**

**Su fortaleza, en las manos,
del Señor de los Milagros,
y, es parte de mil hermanos,
de los caminos más sacros.**

**Su esperanza y su confianza,
su ternura y su presencia,
su sabiduría y templanza,
su entendimiento y su ciencia.**

**Es victoria de Jesús,
es belleza de familia,
que brilla con tierna luz,
en esta santa vigilia.**

**Su vida y su alma entera,
es pura misericordia,
y su salud verdadera,
es un beso de concordia.**

**Unidos en la oración,
en los auténticos salmos.
pidiendo de corazón,
por su salud, siempre calmos.**

**Gracias, por los mil regalos,
que nos trae Laura Antonia,
sus mensajes, hoy son faros,
que nos hablan de su Gloria.**

A modus haikus I

No se molesten no fue pronunciamiento su dictadura.	**No se molesten, no fue pronunciamiento, su dictadura.**
Dios anulado ¿te sientes liberado hombre castrado?.	**Dios anulado, ¿te sientes liberado, hombre castrado?.**
Tu mausoleo es tu mansión fúnebre y actual museo.	**Tu mausoleo, es tu mansión fúnebre, y actual museo.**
Guagua que llora no solo mama el doble seca a su madre.	**Guagua que llora, no solo mama el doble, seca a su madre.**
En Boca cerrada Aunque lo intenten No salen moscas.	**En boca cerrada, aunque lo intenten, no salen moscas.**
No por madrugar reemplazo al antiguo día ni lo que omití.	**No por madrugar, reemplazo al antiguo día, ni lo que omití.**
Donde tú vivas tú, haz siempre lo tuyo y tendrás vida.	**Donde tú vivas, tú, haz siempre lo tuyo y tendrás vida.**

A modus haikus II

Duerme camarón que has sido servido por chef japonés.	**Duerme camarón, que has sido servido, por chef japonés.**
El pago de Chile es grande y sustancioso como Los Andes.	**El pago de Chile, es grande y sustancioso como Los Andes.**
Deja a los niños que vengan hacia mí ¡y al patio a jugar!.	**Deja a los niños que vengan hacia mí ¡y al patio a jugar!.**
Cuanto más conozco A las cien mil bestias Amo a los humanos.	**Cuanto más conozco, a las cien mil bestias, amo a los humanos.**
Sexo seguro es plástica relación con tu muro duro.	**Sexo seguro, es plástica relación, con tu muro duro.**
Religión te da políticos más sanos por la mañana.	**Religión te da, políticos más sanos, por la mañana.**
Tus garabatos llevan a un premio Nobel de literatura.	**Tus garabatos, llevan a un premio Nobel, de literatura.**
El patriarcado se disfraza de feminismo, pero sin papás.	**El matriarcado, se disfraza de feminismo, pero sin papás.**

A modus haikus III

Llegará el día en que la sabiduría será una estupidez y la estupidez será sabiduría.	Llegará el día en que la sabiduría será una estupidez y la estupidez será sabiduría.
Los creyentes y los ateos se pueden encontrar en la honesta búsqueda de la verdad.	Los creyentes y los ateos se pueden encontrar en la honesta búsqueda de la verdad.
Si en tu vida no has tenido los éxitos que la sociedad te ha impuesto ¿te seguirás sintiendo contento de tu vida?	Si en tu vida no has tenido los éxitos que la sociedad te ha impuesto, ¿te seguirás sintiendo contento de tu vida?
¿Con qué autoridad dice usted que los seres humanos no somos una creación perfecta de Dios?	¿Con qué autoridad dice usted que los seres humanos no somos una creación perfecta de Dios?
Se ha perdido la llave de la prudencia y ha caído en manos de los profetas.	Se ha perdido la llave de la prudencia y ha caído en manos de los profetas.
Aunque te demostraran la existencia de Dios por más de cien vías racionales. no querrás creer en Él porque no te conviene.	Aunque te demostraran la existencia de Dios, por más de cien vías racionales, no querrás creer en Él, porque no te conviene.
¿De qué le sirve al hombre de hoy tener un hermoso comedor si nunca lo compartirá con nadie?	¿De qué le sirve al hombre de hoy tener un hermoso comedor, si nunca lo compartirá con nadie?

“Pasa el olor a marihuana”

Pasa el olor a marihuana,
pasa por la calle, sin temor,
pasa, por mi lado, en la mañana,
en día frío, o con calor.

Siente, el olor a marihuana,
Siente, a un incienso secular,
siéntelo, en la junta muy cercana,
como un fiel medio para volar.

Grita el olor a marihuana,
grita, en su moderno carnaval,
grita, en la revista que hoy gana,
adictos, con su línea editorial.

Queda el olor a marihuana,
queda, en los jóvenes violados,
queda, en la migrante marginada,
y en ese grupo de volados.

Marcha el olor a marihuana,
por las avenidas liberales,
del ciudadano que reclama,
por sus medicinas ancestrales.

Duele el olor a marihuana,
duele en esas embarazadas,
en las personas, sin mañana,
y en las miserias olvidadas.

Lucran con la mala marihuana,
lucran con aquella superior,
con la colombiana o boliviana,
en su mercadeo del horror.

Pasan, sienten, gritan, quedan,
marchan, duelen, y hasta lucran,
con la marihuana, que veneran,
como a diosa, que -ellos dicen- aman.

¿Qué tiene contra la yerba?

Contra esa yerba, yo vomito,
mil razones para alejarla,
y es falsedad, lo repito,
lo mejor, es nunca usarla.

Personas que se perdieron,
que se les perdió su huella,
y esos ahorros que ardieron,
y el que se quedó en su estrella.

Jóvenes sin horizontes,
extraviados en su niebla,
vagabundos de los montes,
plagados de mala hiedra.

Proyectos de vida rotos,
bienes de familia, hurtados,
cual certeros terremotos,
mil adictos aplastados.

Es quimera que envenena,
es tóxico que te engaña,
falsa alegría, en tu pena,
preso en su gran telaraña.

Es mentira y apariencia,
falsa amiga y falsa diosa,
quiere atrapar toda ciencia,
con su verdad oprobiosa.

Ella no es buena ni mala,
la yerba es –sólo- una cosa,
el problema es de quien la instala,
en su alma, victoriosa.

Las personas vulnerables,
que no se aman, de verdad,
la consumen, tan amables.
¡y pierden su libertad!.

Navidad 2014

**No me gustan las masivas navidades,
ni las liquidaciones navideñas,
ni las soterradas vanidades,
ni las viejas pascueras pedigüeñas.**

**No me gustan los regalos obligados,
ni los de "enemigos" secretos,
ni me gustan los presentes desgastados,
ni los que -siempre- se hacen, por decretos.**

**No me gusta el sufrimiento en Navidad,
ni el dolor que acontece, día a día,
ni me gusta confundir la caridad,
ni pretenderé comprar una alegría.**

**Los "consumistas" navideños,
se quedarán sin plata,
los solidarios, más risueños,
se donarán, sin plata.**

**Me gustan las humanas navidades,
adornadas de abrazos y de besos,
las sencillas y eternas navidades,
sin riquezas, sin luces, sin bostezos.**

**Me encantan los regalos de procesos,
sin la parafernalia del brillante,
las navidades, que se abren a los rezos,
a la gracia, honesta y mendicante.**

**Me encanta la venida de Jesús,
en un pobre pesebre, desabrido,
en su Nacimiento está la Luz,
que sana mi espíritu, que va herido.**

**Ojalá que descubramos Navidad,
en medio de otras navidades falsas,
que brille hoy, tu generosidad,
en medio de egoísmos y comparsas.**

<u>Como aquel damasco</u>

Damasco, tierno damasco,
que transmites tu energía,
damasco, dulce damasco,
que produces mi alegría.

Aquel damasco repleto,
de frutos, muy abundantes,
me ha presentado -hoy- un reto,
del darse a los semejantes.

Ese árbol tiene un dueño, quien podría repartir,
dulce fruta, ¡es solo un sueño!, de bondad, al compartir.

Si él no conoce al vecino, ¿a quién ha de regalar?,
se cierne un negro destino; va, esa fruta a desechar.

Casas aisladas, sin contactos,
gente egoísta, sin paz,
nos retratan nuestros actos,
como de un ave rapaz.

Día a día, los zorzales,
y el sol, los hiere y reseca,
y se llenan de los males,
del desierto, en tierra seca.

Sesenta kilos completos, de damascos inservibles,
a la basura, directos, ya no fueron comestibles.

Aquel damasco está yerto,
se murió de la abundancia,
y quedó su tronco muerto,
sin dar ninguna fragancia.

Sorpresas en torno a la navidad social

**Regalar, regalar, que el mundo se va a acabar,
y ésos, asocian a Cristo con las bolsas de regalos,
olvidando que se encarnó en un niño pobre,
y que nació en medio de su familia pequeña,
en un portal, entre los pastores y los animales.**

**Y hoy me encuentro que muchos roban o piden,
para tener dinero en Navidad y así poder regalar cosas,
aunque jamás, se darán a otros,
y los ladrones se meten a las casas,
y se llevan todos los regalos,
que hay en ellas, comenzando por las sillas.**

**Y, oh sorpresa, me he encontrado una mano en mi bolsillo,
que, seguramente se confundió de domicilio,
y hoy, todo es dinero, para estacionar,
para empaquetar, para todo,
si andas sin monedas, deberás sufrir las miradas asesinas,
de los que cobran peaje en mis calles.**

**Y tú vas en la micro, muy sereno,
hasta que un jardinero mayor, recién enloquecido,
que viaja sentado, detrás de ti,
con sus enormes tijeras podadoras,
te intenta cortar la oreja,
y justo, lo alcanzas a esquivar.**

**¿Para qué querría él tu oreja?,
¿a quién se la iba a regalar?**

**Este mundo va loco, loco, loco,
especialmente en esta navidad social,
cruel competencia y exceso de consumo,
donde, en promedio,
se gasta un sueldo mínimo,
para que compren los regalos,
que tampoco te darán la plena paz.**

No tengo derecho

Si bien, es cierto que yo tengo derecho a ser feliz, a mi manera,
no tengo el derecho de imponer mi forma de ser feliz a otros,
si bien, tengo el derecho de sufrir por buscar el bien de los que yo amo,
no tengo el derecho de hacer sufrir a las personas que amo.

Si bien, tengo el derecho de comprender y perdonar a otras personas,
no tengo el derecho de exigir a nadie que me comprenda y que me perdone,
si bien, tengo el de derecho de compartir y de ser solidario con los demás,
no tengo el derecho de obligar a nadie que comparta y sea solidario conmigo.

Si bien, tengo el derecho a esperar el fruto de las semillas que he sembrado,
no tengo el derecho a exigir frutos de las semillas que otros han sembrado,
si bien, tengo el derecho de reír y de gozar con las cosas lindas de la vida,
no tengo el derecho de exigir la risa y el gozo de las demás personas.

Si bien, yo tengo el derecho de superar el brutal asesinato de mi padre,
no tengo el derecho a hacer que todos perdonen a los asesinos de sus padres,
Si bien, tengo el derecho de tomar decisiones importantes de mi propia vida,
no tengo el derecho a eliminar mi vida, pues así romperé mis otras decisiones.

Si bien, yo tengo el derecho de sentirme orgulloso de mi equipo y de mi fe,
no tengo el derecho a creer que todos deban ser de mi equipo y de mi fe,
ni menos, tengo el derecho de descalificar a nadie.

Yo tengo el derecho a vivir,
y no tengo el derecho a matar.
Yo tengo el derecho a construir,
y no tengo el derecho a destruir.
Si yo soy un legítimo “otro”,
los demás, mis hermanos, también lo son.

Con ojos desorbitados

Con ojos desorbitados,
nació mirando este mundo,
con ojos desorbitados,
creció, con amor profundo,

Con ojos desorbitados,
se fue corriendo a la escuela,
con ojos desorbitados,
se desarrolló, sin secuela.

Con ojos desorbitados, feliz, conoció a su novia,
con ojos desorbitados, la depositó en su alcoba.

Con ojos desorbitados, de sol a sol, trabajó,
con ojos desorbitados, con mucho esfuerzo, surgió.

Con ojos desorbitados,
sus cinco hijos, nacieron,
con ojos desorbitados,
se criaron y se fueron.

Con ojos desorbitados,
se presentó a candidato,
con ojos desorbitados,
lo empobreció ese mal rato.

Con ojos desorbitados,
recorrió muchos lugares,
con ojos desorbitados,
degustó finos manjares.

Con ojos desorbitados,
se ganó la lotería,
con ojos desorbitados,
pedió esposa y alegría.

Con ojos desorbitados,
supo de su enfermedad,
con ojos desorbitados,
partió hacia la eternidad.

Para siempre

**¿Por qué el "para siempre" asusta,
a los jóvenes actuales?,
¿Por qué lo permanente, aterra,
y lo asocian con los males?.**

**¿Por qué lo estable, es incierto,
en las mentes de la gente?,
¿Por qué el compromiso está muerto,
en el que explora la mente?.**

**¿Por qué las bromas y la ironía,
cubren la cotidiana acción?,
¿Por qué la ciencia y filosofía,
se sienten cual religión?.**

**¿Por qué las crisis les espanta,
y no ven genial ocasión?,
¿Por qué desafina el que canta,
letras de revolución?**

**¿Por qué los hombres les dejan,
lo moral a la mujer?,
¿Por qué no creen, ni rezan,
si tienen la fe en su ser?.**

**¿Por qué la formación no gusta,
en estos tiempos tan duros?,
¿Por qué el debate disgusta,
y nos quedamos oscuros?.**

**¿Por qué el conflicto acobarda,
si hay derecho a disentir?,
¿Por qué tu boca se calla,
si tu voz me hace vivir?**

En el momento de la consagración

Era una Misa normal,
tranquila,
en aquella escuela,
sin grandes signos creados,
y sin canciones de estrellas,
en el crepúsculo suave,
en la plena cordillera,
en el ardiente verano,
que deshidrata y reseca.

Todo iba dialogando,
en la Santa Eucaristía,
Evangelio comentado,
con sencillez y alegría.

En el momento preciso,
de aquella consagración,
tú te has iluminado,
como el puro y buen perdón,
en ese instante preciso,
se vio transfiguración,
de un sembrador extenuado,
que se entregó a su misión.

La comunión fiel, atenta,
dejó a la gente extasiada,
brilló una Paz, muy contenta,
para una Fe renovada.

Participación serena,
y auténtica comunión,
compartiendo vida nueva,
en cotidiana Misión.

En el momento preciso,
de aquella consagración,
Él, otro Cristo, te hizo,
y te besó, con su unción.

Una "pastoral de estúpidos"

**Con estupidez conciente, propongo una creación,
para nuestro mar de gente, con tanta imaginación.**

**Una pastoral de estúpidos, realizada por estúpidos,
para la mente de estúpidos, y al corazón de estúpidos.**

**Palabras estúpidas, para oídos necios,
lecciones estúpidas, de mil sueños necios.**

**Amor y fidelidad, generosidad y respeto,
confianza y felicidad, esperanza, te prometo.**

**Más justicia y libertad, para todas las personas,
más ternura y equidad, te perdono y me perdonas.**

**Necedades desechadas, idealismos trasnochados,
son "verdades superadas", por los "hombres liberados".**

**La estupidez de optar por el pobre,
en todo momento y en todo lugar,
la tontería de educar al hombre,
libre para pensar, y también para actuar.**

**La estupidez de cuidar la vida,
de seres humanos y verlos crecer,
la necedad de no ir a la guerra,
"si todos lo hacen", y "si hay que vencer".**

**La estupidez de creer, hasta el final,
de construir casas y nunca quemarlas,
de limpiar la tierra y no destruirla,
de cuidar la naturaleza y nunca venderla.**

**La estupidez de dialogar, de no sentir miedo,
de amar de verdad, aunque "no me convenga",
que tu saludo rompa todo el hielo,
que tu servicio me ayude y me contenga.**

**¡Oh santa y minoritaria estupidez,
no nos abandones jamás!
¡Oh santa y escasa estupidez,
pastoréanos mucho más!**

Sólo somos servidores

Somos sólo servidores, de una Iglesia que camina,
de un pueblo que peregrina, que cuando ama, ilumina.

Una Iglesia fraterna y plural, de mil diversas vivencias,
inserta en nuestras culturas, solidaria y dialogante.
Muchos rostros tiene Cristo, él nos convoca y alienta,
en su iglesia afectuosa, que sirve y evangeliza.

Los que creen a su manera, los que no quieren creer,
los que hoy consumen drogas, y amigos alcoholizados,
los que viven en las calles, y los hermanos migrantes,
sindicalistas presentes, y los mapuches bilingües,
los jóvenes pobladores, y esos niños maltratados,
tarotistas y ecologistas, y atletas y veganos,
dirigentes vecinales, y padres y apoderados,
gitanos y campesinos, reclusos y temporeras,
empresarios y contadores, bancarios y concejales,
políticos y divorciados, casados y separados,
los solteros y las viudas, convivientes y abandonados,
lesbianas y homosexuales, y las mujeres sufrientes,
los barristas y anarquistas, enfermos y desahuciados,
esotéricos y rockeros, motoqueros y futbolistas,
los médicos y enfermeras, técnicos y profesionales,
los obreros y empleados, directores y profesores,
académicos y jornaleros, los periodistas y actores,
comerciantes y choferes, los públicos, los privados,
los líderes, los pasivos, residentes, arrendatarios,
travestis y prostitutas, estudiantes y docentes,
conocidos y olvidados, los pobres y los extraviados,
los ancianos y angustiados, y las diversas familias,
los laicos y sacerdotes, diáconos y religiosas,
los fieles seminaristas, los católicos alejados.

Una Iglesia fraterna y plural, de mil diversas vivencias,
inserta en nuestras culturas, solidaria y dialogante.
Muchos rostros tiene Cristo, él nos convoca y alienta,
en su iglesia generosa, que incluye y evangeliza.

Un cristiano histriónico

Mira ese cristiano histriónico,
en su huerto hidropónico,
tiene un sueño supersónico,
y es un amateur radiofónico.

Es un técnico electrónico,
tiene un coro filarmónico,
desarrolla un rol protagónico,
con cara de melancólico.

Dicen que es napoleónico,
camaleónico y antipático,
es de origen patagónico,
con lenguaje cacofónico.

Su abuelo fue un teutónico,
muy sardónico y bien daltónico,
un gran maestro sinfónico,
que tuvo un amor platónico.

Su abuela es mujer lacónica,
de vestimenta faraónica,
con una sentencia canónica,
su salud es siempre agónica.

Su vida es individualista,
su filosofía es dualista,
su teología es pesimista,
y su conducta es consumista.

Del Evangelio es refractario,
formó un grupo muy sectario,
donde es el secretario,
con estilo autoritario.

Su pensamiento apolítico,
antisindical y caótico,
representa el paleolítico,
con su discurso anecdótico.

Bocetos de una Familia

Hernán	**Juana**
Es el guerrero audaz, de corazón misionero, que sabe entregar la Paz, y acoge a todo extranjero. Comparte con su familia, su sueño comunitario, y ora, y anima, en vigilia, su espíritu es solidario.	La mujer llena de gracia, va construyendo personas, en su hogar, es la fragancia, que bendice a todas horas. Su oración es escuchada, vive su vida sirviendo, contenta en la madrugada, su esperanza va sonriendo.
Fernando	**Sandra**
Es el soldado valiente, que lucha dándose entero, y resalta entre la gente, con su estilo verdadero. Laboriosidad y empeño, tesón y sabiduría, no es esclavo, es el dueño, de su senda de armonía.	Es la madre protectora, escudo de quienes ama, que en su palabra, mora, el amor que todo inflama. Ella también cuida el mundo, su tierra y su cultura, con su afecto tan profundo, y su cariño que dura.
Hernán	**Paz Belén**
Es discípulo liberado, aprendiz de un artesano, que nunca se queda atado, y sabe ofrecer su mano. Su ser de creatividad, va a darse como un regalo, de una eterna navidad, que siempre ahuyenta lo malo.	En su búsqueda sincera, su tranquilidad le eleva, a sentirse una pionera, de la alegría que lleva. Es casa del pan, sencilla, en un mundo, tan revuelto, su esperanza es maravilla, da vida, en un punto muerto.

WhatsAppeando

- Un amigo me habló de ti
- ¿Qué te ha dicho tu amigo de mí?
- Dijo que tú tienes cuerda todo el rato, ¿existes o no?
- Obvio que sí, por eso hablo contigo. ¿Qué más te dijo tu amigo?
- Dijo que tú eras bacán, que siempre lo apoyas y que eres muy bueno
- A ese amigo tuyo, lo quiero tanto como a todas las demás personas
- ¿Cómo puedes quererlas a todas, si no las conoces?
- Las conozco perfectamente y las amo
- ¿Por qué dices que las amas? ¿No será mucho?
- Las amo porque yo les doy la vida
- ¿Cómo que les diste la vida, si ellos tienen a sus padres?
- Yo he creado todo lo bueno que existe en este mundo y a todas las familias
- ¿Así es que tú, todo lo puedes?
- Es verdad, eso es cierto
- ¿Y cómo es que hay guerras, asesinatos y crímenes a cada rato?
- Yo he inventado al ser humano libre, para que ame y construya un mundo bueno.
- Entonces, ¿Por qué no evitas lo malo?
- Yo siempre les ayudo, pero a los seres humanos les he dado todo para vencer lo malo y -a veces -prefieren hacer lo contrario.
- Por ejemplo, ¿Dónde estás tú, cuando un joven muere en un accidente de tránsito?
- Yo le estoy dando fuerzas y abrazos de amor a los padres para que soporten ese gran dolor
- Pero, ¿por qué se mueren las personas?
- En esta corta vida pueden conocerme, si quieren, y luego, vivir conmigo para siempre
- ¿O sea que la muerte no es mala?
- La muerte es la puerta para que -al pasarla- los que quieran se queden conmigo
- ¿Por qué hay tanto miedo a la muerte?
- Por que no conocen que amando hasta el final, se vence a la muerte
-¿Cómo se puede vencer a la muerte?
- Por el amor, pues el que ama no muere jamás.
- ¿Cómo puede ser eso?
- Si tienes fe y vives siempre conmigo –en mi amor- podrás entenderlo
- ¿Cómo podría yo vivir contigo?
- Pídemelo y lo conseguirás. Yo nunca te defraudaré
- Y ¿Qué dirán los demás?
- Háblales de mi
- ¿Cómo?
- Tal como tu amigo te habló de mi
- ¿No será demasiado? Tienes que saber que hoy en día muy pocos creen en ti
- A mí no me importa, porque yo creo en ellos y, más aún, les amo
- ¿Y a mí me quieres, pese a todas mis fallas y errores?
- TKM
- Yo quiero ser tu amigo ☺
- ¡Feliz! Yo también ☺☺☺☺☺☺☺

Mi hermana muerte

**Está tocando a la puerta,
mi hermana señora muerte,
cuando esa llama esté muerta,
y nunca yo invité a la suerte.**

**Se acerca por el costado,
con mirada coquetona,
para dejarme extasiado,
en el suelo, en la lona.**

**Me engaña con sus susurros,
de más vidas y pasiones,
me miente, con sus murmullos,
de mitos y maldiciones.**

**La miro, concientemente,
no tiene rostro de otros,
ni es un monstruo inclemente,
no tiene nada de otros.**

**Mi amiga y hermana muerte,
es una plácida puerta,
no es terrorífica muerte,
es la luz que nos despierta.**

**De la vida a la muerte,
de la muerte a la Vida,
no te quedarás inerte,
ya encontrarás tu salida.**

**Nos ha tocado y nos toca,
no la hacemos esperar,
nos tocará y hoy trastoca,
el ser, amar y el confiar.**

**Ya se ha instalado en su sitio,
cumplirá su cometido,
ninguna mueca y ni un vicio,
romperá lo prometido.**

Índice

Printed by Books on Demand GmbH, Norderstedt / Germany